흰 비탈

현대시조 100인선
028

흰 비탈

이숙경 시집

고요아침

■ 시인의 말

말을 앉힌 솥에
한동안 뜸을 들였다.

아직 설익었는데
뚜껑을 연 것은 아닐까 저어하며…

푸르게 우거진 나무 그늘에
소박한 시를 차려 내놓는다.

2016년 8월
이숙경

■ 차례

시인의 말　　　　　　　　　　　　　　　　05

제1부 해 질 녘

느리게 온 편지　　　　　　　　　　　　　13
서른 살 감나무　　　　　　　　　　　　　14
야싯골 다랑이　　　　　　　　　　　　　15
사글세　　　　　　　　　　　　　　　　　16
용수철　　　　　　　　　　　　　　　　　17
해 질 녘　　　　　　　　　　　　　　　　18
비 오는 날　　　　　　　　　　　　　　　19
어떤 肖像　　　　　　　　　　　　　　　　20
차마고도茶馬古道　　　　　　　　　　　　21
하늘소　　　　　　　　　　　　　　　　　22
늦은, 너무나 늦은　　　　　　　　　　　　23
이베리아 카페　　　　　　　　　　　　　24
상트페테르부르크　　　　　　　　　　　　25
낮은음자리표　　　　　　　　　　　　　　26
불가마 찜질방　　　　　　　　　　　　　27

제2부 오지에 내리는 눈

파고다 재봉틀 31
어섯 번째 터널 32
별다방 33
오지에 내리는 눈 34
수비마니제 35
거락숲 36
그랜드캐넌 37
문필봉 가는 길 38
종자 39
지각 40
승마장 봉구 41
맨 인 더 키친 42
노래는 남아 43
11월 44
아무아무 45

제3부 비보호지대

진눈깨비, 사월	49
두 남자	50
가풀막	51
돋을무늬 여름	52
떡보의 하루	53
비보호지대	54
노효勞效	55
매복	56
무무無無	57
소문난 유언	58
허공잡이	59
간절곶	60
떠도는 기억	61
마파람 소리	62
레드카펫	63

제4부 느개 내리는 수목원

이십팔점박이무당벌레	67
야반夜半	68
12월 31일	69
눈뜨는 사리암	70
텅 빈	71
강경포구	72
문정에 간 여자	73
도도록 내민 하루치	74
닻별	75
오래된 통지	76
느개 내리는 수목원	77
그 여자 지나는 오월	78
엄니 요양원	79
수건	80
가을 못물	81
■자전적 시론_흰 비탈	82

1부

해 질 녘

느리게 온 편지

서너 달 슬었던 말 보풀로 피어난 글
떠나보내기 좋은 날 소인 찍어 받는다
썼다가 지우고 다시 쓴 눈물처럼 마른 흔적

마가렛 피는 꽃철 뜰에 앉아 쓴 사연
접시꽃 지는 꽃대 서성이며 펼친다
잘 고른 차조알처럼 빽빽한 그 손글씨

말의 뉘 가려내고 채질한 마음 결기
좁다란 강폭 지나 홀연 너와 마주 선다
바람결 수런대는 소리 금호강 은빛 물결

서른 살 감나무

등 그늘 으늑한 느티나무 한나절
막무가내 내닫는 환한 햇살 눈부시다
서른 살 감나무 이야기 가뭇이 떠도는 터

훌친 올 속속들이 물드는 쪽빛 사연
헐렁하게 풀어 놓은 도랑에 헹궈 넌다
받쳐 든 바지랑대 위 바람 껴입는 옷자락

품새 좋은 웃음소리 푸르른 뜰 가득하다
텅 비워 보라고 말미 내린 따스한 날
가만히 일깨워 주듯 곤줄박이 지저귄다

야싯골 다랑이

찔레꽃 취한 밤바다 눈감고 달려들어

물너울 몸 섞은 자리 그려 놓은 폐곡선

지상에 내려온 별빛 밤새도록 머문다

넌지시 두고 간 호리병 같은 뱃속 부레

논배미 거슬러 와 두둑이 차오르면

개구리 들레는 소리 무르익는 오월 달밤

윗배미 아랫배미 땅뙈기에 누빈 정

따뜻한 피돌기로 겹겹이 감싸고돌아

오래전 외진 가슴에 물때처럼 드나든다

사글세

1.
바랜 우산 터진 솔기로 떨어지는 빗물
정수리 타고 내려와 목덜미 빗금 친다
변두리 기웃거리는
쉰 넘은 만신창이

이골 난 이사로 모지라지는 세간처럼
자본주의 늪에서 열두 달 여위어 간다
좇으면 달아나는 을의 집
떠도는 허공 참 멀다

2.
능에 누워 천오백 년 우거진 갑의 자리
뭇별 앞 다투어 따라 붓는 잔술처럼
빗줄기 십이지신상을
말갛게 씻고 간다

용수철

구멍에 낀 하얀 살점
뜯겨져 나부낀다

하고많은 날 뺏어 먹어
거죽만 남은 섣달

그믐밤
등뼈를 뽑는다
한바탕 떨다 가는 년

해 질 녘

어눌한 단역인 듯 끊어지는 짧은 말
긴 저음의 강 물결 고즈넉이 이어준다
허투루 살아온 줄거리 뒤꿈치에 따라온다

밀봉된 수소처럼 허공을 떠돌다가
뜯겨지는 꽃술 위 허방에 빠진 불혹여자
오그린 강가 허구리 다독이며 걷는다

만나는 일 뜸해져 때때로 아쉬운 속내
시점 없이 여전해라, 그렇게 돌아설 때면
구포역 지나는 사이 가슴께가 붉어지는 강

비 오는 날

막무가내 막힌 산
길들이는 사람이

삼라만상 실마리
풀어내는 사람이

한 사람 더디더디 품다
우두망찰 꽃 지네

마르지 않는 시간
이따금 상냥하여

꽃 진 자리 찾아서
꽃 필 자리 이르니

지나는 비거스렁이
잠시 견뎌 보내네

어떤 초상 肖像

흐린 불빛에 돌연
어지럼증이 일어

불태워 밝히고 싶은
어둔 저 가슴 한복판

천천히
들이 붓는다
몇 잔 검푸른 독주

입 닫고 눈 닫고
귀마저 틀어막던

차마 못 깨뜨릴
오랜 고독의 뼈대

누군가
나무마치로
바스러뜨리고 있다

차마고도 茶馬古道

히드라로 솟아나는 난창강 소금우물
이지러진 어깨에 아금바리 져 나르던
복사뼈 주저앉은 여인 일어설 줄 모릅니다

앙가슴 햇볕 바람 땀 눈물로 다 여무는
수천 여 소금밭 협곡 복사꽃 일렁이는데
자다촌 우기의 기도 손끝이 아립니다

속울음 기울이는 강 빗방울 덮인 시름
저주는 짙어지고 일어서지 않으리라
때 절은 베개에 누워 젖은 운명 고칩니다

하늘소

만장을 단 느티나무
애끊는 매미 곡소리

붉디붉은 꽃숭어리
백일홍 꽃상여에

등딱지
거먼 수컷 벗고 간

어라,

환장할

노을길

늦은, 너무나 늦은

막바지 봄 아들 낳고 반값의 차를 산 후
사막이 좋은 선인장으로 녀석은 피어나고
여자는 이름만 예쁜 사막여우로 늙어간다

바람이 쓸어놓은 길 흘려 놓은 새 울음
둥그런 엉덩이로 깁고 가는 오랜 기억
구름에 꽤 묻어둔 시간 밑이 들지 않는다

낮잠은 중고 몸값 웃돌던 힘 기대어
숨겨둔 마초처럼 써먹던 거친 날들
낡은 숨 끄느름한 관계 자꾸만 깊어간다

이베리아 카페

춤추며 노래하거나 무명 배우 하거나
수삼 년에 한 번쯤 만나면 들레는 그녀
목소리 딱 어울리는 일한다며 웃어준다

해종일 도닥거린 새 죽지 접은 저녁 포구
버려진 목선처럼 바람 소리 기웃거린다
마담도 잘 어울리는지 열없이 묻는 그녀

오그라진 새우살이 어둑발 안주 삼아
오가는 젓가락에 쥐락펴락 나눈다
산수유 속눈썹 같이 난바다에 지는 봄

상트페테르부르크

멀어져서 가까운 숨 멎은 바람자리쯤

네가 알 리 없는 나의 도스토에프스키

한밤중 커다란 숲을 울울하게 떠도네

뜬눈으로 걸어온 발 귀얄로 쓰다듬던

따스한 자작나무길 낡삭은 시간 지나

서로의 간이역 향해 흰 비탈 끌고 가네

낮은음자리표

반쯤 몸 굽히고
반쯤 숨소리 낮춰

등 돌리면 목젖 떨려
앞모습 바로 보이게

두 눈은
오선에 나란히
초점 맞춰 앉힙니다

가장자리 걸터앉아
뿔테 두른 자릿값

높은 소리에 쏠리는
나지막한 음계지만

별소리
다 들어주는
커다란 귀입니다

불가마 찜질방

타래진 주름살 얼굴
가벼이 거들뜨며

두 딸 함께 세던 눈빛
탕 안에 갈앉힌다

숨겨온
쉰쯤 여자의 몸
드러내신 어머니

몸이 난 이 딸 걱정
허리 가는 저 딸 걱정

칠순에 지키신 몸매
기억하고 살라는 듯

등줄기
쓸어내리시며
더운 말씀 붓는다

2부

오지에 내리는 눈

파고다 재봉틀

끊어질까 수억 땀 조바심으로 굴렸을 바퀴
까다로운 셋째가 육남매 중 힘들다며
노루발 한껏 젖히면 졸아들던 어린 맘

프릴 단 원피스 차려 입던 그 기억
고장 난 재봉틀 머문 자리 푸른 모니터에
어머니 새겨진 손매 환하게 읽혀집니다

흘깃 몸매만 봐도 바스트 몇 웨이스트 몇
눈대중 선을 그어 마름질한 어머니
장롱 속 줄자 곡자는 하릴없이 누웠었죠

반백 년 낡은 다리 삐걱대며 버티는 발판
종아리 포갠 발등 따갑게 꾸짖듯
뭉개진 제조 연월일 부스스 떨어집니다

여섯 번째 터널

내게도 주시나요, 눈물 그친 후 떨켜를
안개 묻힌 지랑교 지나면 어제의 대본처럼
슬며시 지문을 닦으며 한 구절 방점 찍는

여과지 들락거렸던 풀 이파리 웃음 잠시
미어지는 울음보 골골이 여민 앙가슴
당신을 눈여겨봐요, 숨겨 왔던 유월 능선

마지막 관문 등지며 섬기듯 공단을 향하는
가난한 모국을 가진 국적 다른 사람들
어머니 부쳐온 빛살 일터마다 눈부셔라

별다방

별별 일 다 겪은 날
별수 없이 찾아간다

별 볼 일 없는 사람처럼
보여서는 안 되리라

별 수다
떠벌이는 판에
별을 지켜 앉는다

오지에 내리는 눈

무거운 짐 내려놓을 한 치 땅도 없는

경계를 무너뜨린 길바닥 더듬는다

눅눅히 찢어진 지폐 주머니에 잠잠하다

수없이 잘린 발목 다독이며 돌아와

그 길 혹 물으면 막무가내 팔 내둘러

갈 길이 다른 사람들만 북적이는 정류장

조바심치는 먼 길 눙치며 내리는 눈

끊거버린 전화에 안부 더욱 궁금한

끝끝내 닿을 수 없는 천길만길 그 고요

수비마니제

칠십 년 피운 담배 해롭지 않았다고
살아온 백 년에 주사 맞은 적 없었다고
무차디 거친 빵만을 먹고 살았대 그렇게

신들이 선물한 땅 그루지아, 그루지아
아들 딸 손자에 증손자 고손자까지
그 핏줄 실꾸리 몸매로 이어준 여인이네

가벼이 먹고 마시고 쉼 없이 일하라
가족 함께 가탈 없는 나날을 누려라
사는 게 가난할수록 오래도록 살리라

거락숲

1. 봄
물기 끊은 빈속 온종일 비가 스몄다
거무스름한 산도 따라 깨어난 연둣빛
푸조의 겨드랑이에 우리는 매달렸다

2. 여름
아버지의 아버지 그 수백 년 전보다
더 위로 더 옆으로 땅따먹기 한 그늘
햇살을 등지고 누운 우리는 넉넉했다

3. 가을
열매를 쪼아대는 새 물그림자 흔들었다
공중을 나는 새떼처럼 파닥이는 이파리
드바삐 바람에 쫓기듯 우리는 떠나갔다

4. 겨울
저물 녘 먼 길섶 마중 나와 선 나무
휘어진 여린 가지 끝손질에 피어나
잘 말라 순한 꽃다발 우리는 껴안았다

그랜드캐넌

  자다 깨도 끝이 아닌 장편 사막 읽는다 헛바닥 갈라터진 은회색 세이지브러시 메마른 백태를 긁는 모하비 지나간다

  더없이 등 구부려 거북처럼 엎딘 발로 콜로라도 사억 년 빚어놓은 기억 좇아 빙의된 가벼운 몸체 난간에 부려놓는다

  강물의 긴 새김질 바람이 쓰다듬고 신산한 세월 비껴간 된비알 곧추세운 그 붉은 층층의 절리 태초를 껴앉는다

문필봉 가는 길

오가며 들려오는 인기척 가늠하여
일찌감치 꽃 피운 할미 연신 봐주라던
모퉁이 할미에게도 그 봄은 은밀했다

의문투성이 새의 주검 안으로 감싸 안고
소리 없는 울음으로 덧쌓여 짙은 녹음
뻐꾸기 한철이던 소리 이명처럼 떠돌았다

먼 데서 바라보며 잡아보고 싶었던
명지바람 가지런히 하늘 향해 씻어둔 붓
웅크려 침묵을 갈며 나지막이 들어섰다

종자

갈퀴덩굴 쇠스랑개비
삽자루 기댄 묵정밭

가으내 서성이다
갈아엎은 어머니

밭이랑
두둑이 묻었다
아버지 남긴 씨마늘

지각

서너 번 끊긴 신호
좌회전 진입로에

샛길 틈타 빠져나온
구급차만 지나가고

물갈이
한참인 소낙비
핏줄마저 묽어진다

한 방울 커피 흔적
종이컵에 마르는 동안

수열을 따라온 차바퀴
일탈의 방향이다

베푸는
아량을 잊은 듯
사뭇 냉정한 시간

승마장 봉구

혈통깨나 따져서 잘 지어진 이름들
마구간 문패로 그럴싸하게 내걸렸다
지나며 살펴 부르면 알아챈 듯 드는 눈

말인지 혹 소인지 분별없는 이름 탓에
시르죽어 갈기 내린 채 뚜벅이는 봉구
잊힐까 두려운 야성 반추하며 되새긴다

어느 집 마당만한 원형의 먼 하늘 돌며
간절히 외는 주문 뉘도 알 리 없지만
만원에 등 내민 하루 메꽃처럼 피고진다

맨 인 더 키친

메일 보내고 말 일 편지를 쓰다니
너대로 살면 되고 나대로 살면 되지
쇠퇴한
문명의 뒤안길
돌아볼래? 한번쯤

인사 대신 이죽거리며 맞은편 앉는 그녀
환한 미장 열 손톱 초현실주의 들썩인다
집 주방
취사금지령에
안식년 맞는 손가락

남자의 부엌 탐하다 온몸 퉁퉁마디
피트니스 찾아가면 해결할 수 있을까
배부른
문명의 삼각주
허물어 볼래? 퇴적암

노래는 남아

탱자나무 가시 찔려 들어오던 아버지 노래
자는 척 뒤집어쓴 작은 손등 매만지며
다습게 예언하시던 길 휘뚝이며 둘러왔다

막걸리 술잔에 곰삭은 질박한 괘
다하라 베푸신 정 푸념으로 갈앉혀
밤마다 깊은 뜻 놓친 성긴 마음 내쳤다

지친 날 다독이는 노래방 따라와서
못다 부른 노래 제목 뒤적이시는 아버지
마른입 슬프게 웃는 아빠의 청춘 들릴까

11월

깊은 하늘 흔들었던
굴곡진 고흐의 몸

거칠고 비뚤어진 밤
붉은 젖이 다 뜯겼다

등뼈를
곧추세워도
질색팔색 가는 바람

아무아무

퍼붓는 비에 갇혀
물맴이로 떠 있다

소멸시효 알리는
주유등이며 휴대폰 창

빗줄기 분탕질한 지평
수천 갈피 흔들린다

두렷이 나타나는
묵언 중 적색의 등

가질 수 없는 시간
먼 길 위에 얹는다

빗방울 헤아려 닦는
불목하니 가는 길

# 3부

비보호지대

진눈깨비, 사월

예닐곱 해 잃어버린
홑겹의 분홍웃음

메마른 목젖 타고
어수룩이 눕는다

짓무른
서녘 길 보채는
꽃잎처럼 얇은
마흔
마흔

두 남자

모른 척 해버릴까
아는 척 해야 할까

핏발선 눈빛으로
서로가 등 돌리고

난감한 제 모습 탓하며
거울 앞에 서 있다

지난 밤 들이킨 술
흠흠거리는 엘리베이터

내뱉는 비릿한 숨에
섞일 듯 위태한데

함부로 내 숨 끌어다
필터 가는 두 남자

가풀막

마주서기 힘든 꼭짓점 베돌아 다니다
모난 각 가파르게 내리닫는 눈초리
비뚜로 주저앉아서 빗변을 다그친다

비끄러매며 올라온 닮은꼴 가을 산비탈
부대껴 모지라져도 껴안는 풀잎들
따스운 검불이 되어 갈퀴밥을 대준다

엇비슷한 축을 나눈 지평에 기대어
모양새 호락호락 사운대며 사는 일
세모꼴 버티고 사는 목곧이보다 낫겠다

돋을무늬 여름

비 그친 빈집 뜰 치자향 함초롬하다
층층구름 벗어난 별 싸목싸목 내려와
풀잎에 등을 밝히는 칠월 대목 깊은 밤

진종일 집 지키던 졸음 겨운 무화과나무
건듯 바람 몰래 들어 허벅지 스쳐가고
누군가 온 듯 만 듯하다 알리는 개구리 소리

온다는 말 곧이듣고 사나흘 찾아 왔는데
서로 다른 날짜 셈 아직도 난 몰랐다
너른 잎 버즘나무에 잦힌 맘 썼다 지운다

떡보의 하루

퇴출로 도려내진 국부 같은 일자리
나잇살 내려놓을 곳 발품 팔아 헤매다
골목길
세놓은 떡집
분 삭여 사들였네

대추나무 떡살 무늬 박달나무 떡살 무늬
한 무늬 찍은 정표 이 집 저 집 보내며
목메던
밥 그릇 자리
옹골차게 건 떡시루

너부죽 들어앉아 넘치도록 주문 받은
분주한 황씨 마음 절로 알아 익는 떡들
오십 년
설익은 그에게
뜨거운 김이 난다

비보호지대

눈 한 채 실은 버스 바람언덕 올라간다
선잠을 자다가 홀연히 깨어난 사내
우묵한 눈자위 비비며
좌회전 따라 간다

미어지게 설핀 겨울 발부리에 뒤채어
늘 혼자 서성거리다 한잠 드는 골목길
열두 시 시침을 뽑아
긴 늪에 내던진다

탄알처럼 쟁여둔 말 녹슬어 푸른 방
파란만장 등 자국 중첩된 벽 기댄다
구부려 살지 말라고
몸 달구는 환한 등

노효 勞效

가녀린 몸집에서 여섯 개체 빠져 나와
그 몸 불려 스물 하나 둘러앉은 작은 방
문풍지 밀려 나갈 듯 입담이 와자하다

깜냥에 잘해보려 어린 손자 부르는
만만한 트로트 노래 추임새 넣다가
실금간 대축척 이력 환해진 어머니 얼굴

펼쳐진 노래 자리 쓸어 담는 맏언니
다 모인 날 별러 새긴 상패 올리며
절절히 스미는 서사 울먹울먹 읽는다

구성진 장편의 삶 박수치며 기리지만
줄잡아 요약한 몇 줄 공로 아쉬워
어머니 실실이 푼 전기 돌려가며 써본다

매복

온몸 허무는 일
알면서 은닉하네

드러누운 발꿈치로
응징하는 신경줄

사랑니
간극 없는 편집증
허허실실 드러나네

무무無無

안부가 뒤늦었다, 세상에 없는 그녀
말 꺼내 미안한 이름 수습하려 하는데
들어야 마땅하다는 듯 생애를 말하는 그

몸만 거둬 갔지 없지만 없지 않아
거품처럼 스러지는 축축한 목소리
고막을 터뜨린 음절 가을비에 섞인다

그녀가 바꾸려던 사람들은 여전하다
해리된 기억만 바꿔 일상을 세뇌할 뿐
진공 속 멈춘 지렛대 바람만 거저 운다

먼 전화기 밖으로 후드득 떨어지는
사는 게 힘들다는 그의 말 붙잡는다
그녀는 넘어 갔을까, 그 불멸의 경계를

소문난 유언

헌 주머니 드나들던
십 원짜리 한 잎조차

숭배하듯 세어두고
잠들던 그 구두쇠

저승길
노자 넣지 마라
돈 구멍에 써붙였네

삼천여 송이 꽃 속에
돈 때 벗고 들앉아

서슬 푸른 웃음으로
거둬가는 울음소리

삼가라
심심한 조의
그냥 왔다, 그냥 가

허공잡이

망막에 찍어 두었던 골목 사진 서너 장

만만히 내어주는 새벽길 나선다

목울대 차오르는 말 귀 기울이는 짙은 고요

멈칫 서는 순간 볼멘소리 불거진 길

풍뎅이처럼 뒤집힌 수레 허공을 한참 떤다

수거된 폐지와 빈 병 깐깐하게 매달렸다

소실점으로 사라지며 금단이라 눈금 긋던

헝클린 노인 흔적 떠도는 처연한 바람

값어치 매길 수 없는 뒷모습 수굿하다

간절곶

해파랑길 비록祕錄의 행간
잇대어 걷다보면

수몰된 간절한 기억
처절히 거슬러온다

잊는 건
무모하다고
공방전 치닫는 파도

떠도는 기억

수만 여자 다 어울릴
그 남자 어쩌려고

한 남자 겨우 맞을
그 여자 어쩌려고

숱한 말 머뭇거리다
돌아오는 외딴집

사랑해도 못 살 여자
명치께 끌어안고

사랑 안 해도 살 남자
시늉만 풍경치는

주름진 흔줄의 멱살
빗줄기에 끌려간

마파람 소리

박자를 놓친 악보 난분분한 갯바위
풀어진 기타줄 깊고 푸른 음역으로
서로가 부르던 노래 연주하고 있었다

LP판으로 돌던 바다 오수에 든 그 시간
더없는 태양의 고도 잉걸로 타 내려와
섣불리 밟고 지나간 발바닥이 붉었다

욕지도 그 어디쯤 바닷물에 숨죽이다
혜식은 척 쓰러져 때로 섬이 되는
빈 배를 흔들고 갈 뿐 보이지 않는 너

레드카펫

드난살이 들이치네
먼발치 나선 저녁

느지막이 오라는
귀띔을 잊었는지

꽃잎에 장대질 후리다
눈치만 남은 봄비

젖은 불빛 우련한
길모퉁이 돌고 돌아

꽃물 뚝 듣는 소리
한갓지게 차린 카페

여배우 한철 들뜬 허세
또 그 봄 배후였네

4부

는개 내리는 수목원

이십팔점박이무당벌레

진딧물 해치우는 고마운 벌레는 오해

둥글게 엎드린 모습 순하게 보이더니

몸뚱이 지나간 자리 비린 근성 드러난다

까마중 갉아먹고 실한 잎맥 끊으며

점박이 이름 뒤에서 무당처럼 칼 놀음한

오점을 남기는 습성 이십팔 점 시린 이력

망막 조여 을러대는 예각의 눈빛 날카롭다

공습이 가까워진 노린재 엽렵한 더듬이

포위망 쳐놓은 거미 앙버틴 채 달린 풍경

야반夜半

어둠은 무뚝뚝하게 파란 입술을 덮는다

엄마, 해가 지금 저 산 뒤로 뚝 떨어졌어 엉덩방아 쿵 아플 거야 멍들었나 가볼까 엄마아, 졸리는 데 달이 자꾸 쳐다봐 우리 차 따라와서 집까지 가면 어떡해 별의별 말 많던 녀석 그 예감 저버리나 해와 달 권속이던 높은 눈 심드렁해져 감은 듯 뜬 눈으로 뜬 듯 감은 눈으로

에워싼 수능 전선을 숨죽여 포복한다

12월 31일

하수구 목젖에 걸린 목쉰 울음 한 소절

나이테 더께를 씻는 물줄기 위태하다

서너 번 멱살잡이에 흐느끼는 머리카락

닳아빠진 들꽃 향 비누기로 부푼다

더듬거리는 거품이 품고 있는 몸의 기억

흐릿한 거울 앞에서 대륙성 너를 지운다

눈뜨는 사리암

오목눈이 흔드는 나무 비척비척 지팡이 삼아
가슴골 기울인 숲 물 한 모금 축이며
바람이 한나절 비질한
돌계단에 이른다

쌀 봉지 그러쥔 손 미어질 듯 불그레한 여인
하늘길 더듬어 올라 나반존자 마주하고
잘난 척 떠들추는 몸뚱이
풍경소리에 씻는다

열어젖힌 산문에 흔들리는 혀뿌리
속내 밟힌 내 그림자 바스락 으깨지는데
이나마 햇살만 축내는
허한 껍데기 쬐고 섰다

텅 빈

내려놓은 탑 자리
서설이 내립니다

은결에 묻힌 절터
하늘도 묵어갑니다

남루를
씻어낸 바람
고막이돌 앉힙니다

우주를 가로질러
섬섬히 밝아온 빛

붉은 칠 오목새김의 말
다함없이 이룰 듯

지그시
빗장을 열면
수금소리 들려옵니다

강경포구

밴댕이 소갈머리 잘도 문드러지는데
문드러지지 않으려 자지러지는 너는,
드리운 그늘을 뽑아 강물에 내던졌다

소나기 그어놓은 실핏줄 말랑한 가슴께
힘줄 푼 바람은 포구에 주저앉아
투신한 은빛 햇살을 빈 배 가득 낚았다

비린 것들 한껏 부푼 발효의 길목마다
마수걸이 주판알 차지게 팅기던 장터
멈칫 선 무리수의 시간 물컹하게 담겼다

문정에 간 여자

흐려지는 눈을 감자 차가운 손 더듬는다
두둑한 뼈대 유산 민망하게 물려준 듯
실핏줄
갈피를 잃고
샛길 찾아 숨는다

따라 눕는 청동거울 금서처럼 펼친 뺨
불거진 뼈 추려내는 손놀림 분주하다
오지게
거죽에 붙어
버티어 온 광대뼈

여린 속내 들킬까 결기 세운 수십 년
다그친 관자놀이 둥글게 내려놓는다
은연히
잠든 여자 깨우는
풍경소리 들린다

도도록 내민 하루치

숨아온 텃밭 상추 오글오글 손을 편다
드세게 내민 그림자 묻기도 전 천원이요
뭉텅이 밭이랑 서너 뼘
떼어주는 아낙네

헐값의 쏨쏨이에 헌 봉지 그에 부푼다
굴곡져 오그린 손 들어오는 푸석한 돈
혓바늘 도도록 내민
접시꽃 속내 같다

탐탐히 아우르는 길모퉁이 찌는 바람
감감한 수식들을 벽보에 갈겨쓴다
뒷덜미 함지박에 담긴
유월 내 빚진 노을

닻별

막차에 떠나보내는
사람살이 긴 여음

별빛을 거느리며
여리게 잦아든다

깊숙이
한 방향으로
송그려 기댄 시간

촉각 잃은 어둠 중턱
닳도록 문지르다

저만치 물러선다
풀벌레 작은 노래

뭉근히
천궁을 달여
우려내는 가을 밤

오래된 통지

지그린 문 들썩이면 이제야 왔나보다
오그라진 등허리 굼실거리며 나와 서니
바람만 홀쩍이고 간 만리동 단칸방 뜰

어머니 다녀올게요, 스물네 살 외아들
백 살이 넘도록 그 안부 들을 길 없어
예순 해 기다란 별리 너덜경을 허덕였다

돌아올 길 막혔으면 하나 되어 만나겠지
찾아와 떠돌까 봐 낡은 채 놔둔 대문으로
하늘 길 아스라이 돌아온 오래된 전사 통지

백두산 정수리에 동여 맨 반도 그네
남해 파도 발판삼아 남북으로 솟구친다
요절한 피울음 한 사발 백발로 쓸어안고

는개 내리는 수목원

하늘 높이 어우러져 들이미는 정수리
가지 끝 간당거리며 망을 보는 동박새
그림자 물색없는 숲
헤아리며 지난다

긁힌 채 걸어온 발 자우룩이 감싸는 안개
속눈 뜬 부름켜 들머리 길 내어준다
그토록 몸 불린 경계
훅 번지는 그대 숨

그 여자 지나는 오월

움푹한 눈자위에 풍경이 내걸린다
풀어진 실밥 당겨 바늘귀에 꿰놓은 길
척후로 넘나드는 숫자 달력은 한창이다

가랑이 부여잡은 아이들 에워싸여
안개 벗는 고모역 길섶에 선 아낙네
후생에 닮고 싶은 여자 후다닥 스쳐간다

패랭이꽃 여자 마음 울컥 모호한 아침
주파수 타닥거리는 아카펠라 들으며
버젓이 경계를 넘는 배부른 봄 고갯길

엄니 요양원

되씹다만 배춧잎 어금니에 감추고
부호 같은 눈빛으로 어글어글 묻는다
그녀는 맡겨둔 일상처럼 기억을 꺼내간다

한 시간에 서너 번쯤 두려운 저음 풀어
지은 죄 수두룩한지 꺽꺽 울며 용서 빈다
단 한번 믿은 적 없는 거룩한 이 가득한 방

그녀의 뇌세포가 낙엽처럼 가볍다
가을 햇살 곁눈질로 서두르는 뒤뜰 창 밖
아직은 물들이지 마라 헐거운 커튼 내린다

수건

두 손으로 공손히 받드는 것 참, 잠시
맨살에 흘러내리는 끈적임 느껴지면
번지는 얼룩을 찾아 감쪽같이 지운다

허기져 일하다 쏟은 고달픈 땀방울을
저세상 떠나보내고 홀로 흘린 눈물을
찢겨진 상처에 도지는 피고름도 감싼다

저마다 닦다보면 꺼리는 오물 되니
버릴까 망설이다 한소끔 끓여내어
바르르 용솟는 물에서 본바탕을 찾는다

가을 못물

주억거리는 바람의 말
받아 적는 못물에

버들가지 삭정이
주워들고 저어본다

구름 낀
사이사이로
얼비치는 말의 맥

혀에 잘린 하늘 파편
둥글게 갈아 끼운 아침

경계를 무너뜨리는
가을비 올 듯하다

아가미
솔깃한 못물 속
속내 푸는 환한 어록

■ 자전적 시론

흰 비탈

1.

한밤중 잠이 오지 않는다. 네가 알 리 없는 나의 도스토에프스키는 커다란 숲을 울울하게 떠돌고 있다. 난 종종 밤을 거부한다. 애초부터 밤은 억지만을 모아두고 잠들기를 종용하는 유배지다. 그러기에 발버둥 치며 들어가고 싶지 않은 곳이다. 뜬눈으로 자작나무 길을 오래도록 헤맸다. 부르튼 발을 귀얄로 쓰다듬으며 낡삭은 시간을 보내고 서로가 멀어질수록 가까워지는 간이역. 난 흰 비탈을 끌고 눈부신 새벽을 맞으러 간다. 언제나 비탈진 곳에 사는 한 인간, 해탈에 이르는 길은 멀고 끝이 없다. 하지만 비탈일망정 비틀거리며 사는 인간다운 인간이라서 때로 좋다.

2.

작은 새 한 마리가 '위험! 추락주의' 표지판 위에 앉아 있다.

수없이 뻗은 나뭇가지를 흔들며 무성한 나뭇잎 속에 무리지어 떠들다 혼자 빠져나온 것 같은데 생김새를 보니 처음 보는 새다. 붉은 신호에 걸려 멈춘 사람들은 차창 밖으로 저마다 도시의 좌표를 익히고 있고, 난 새를 바라보며 앉아 있다. 글자를 읽을 줄 모르는 새는 위험을 모른 채 온몸을 흔들며 제 목소리를 한껏 뽐낸다. 끝없이 돌고 있는 행성에 앉아 언제 추락할지도 모른다고 '위험! 추락주의'라는 경고를 무수히 보내고 있는데 나도 저 새처럼 구김살 없이 세상에 걸터앉아 있는 것은 아닐까. 추락할 확률이 새보다 수십 배 높은 고위험군인 것을 잊고 있었다. 새의 뼈는 가벼워 여차하면 공중을 날아 갈 수 있는데 내 뼛속에 가득 차 있는 것들은 도저히 훑어낼 수 없는 것들이다. 도망치듯 차를 몰아 한참을 달려 나갔다. 날 수 없는 대신 달릴 수 있는 재주가 있으니 그나마 다행이다.

3.

세상에 이런 일이 있을 수 있다니. 늘 그 자리에 있을 줄 알았다. 그런데 내가 안부를 물었을 때 그의 아내는 젊은 나이에 이미 암에 걸려 세상을 떠났다고 했다. 여름비가 몹시 내리던 날 밤 나의 울음은 비에 섞였다. 이렇게 될 줄 알았다면 진즉에 안부를 여쭈어 볼 일이었다. '그래도 없지만 없지 않아.' 역시 그는 말에 능통했다. 전국 사투리를 구사하며 나를 사로잡았던 수업의 달인다운 말이었다. 그와 그의 아내는 한때 나의 은사였다.

4.

유리창에는 늘 액자에 걸린 그림처럼 사계절 바뀌지 않는 봉우리가 눈 안에 들어온다. 바람에 깨끗이 씻어 간조롱한 붓 모양은 잘 짜인 구도로 어느새 마음속 일부를 차지하고 있다. 주변 사람들은 '문필봉'이라 부르는데 발길을 들여놓지는 않았었다. 주말에 지인들과 그 산에 올랐다. 해발 300m도 안 되는 봉우리를 오르는데 단련되지 못한 몸 탓인지 숨이 막혀 소나무 몇 그루에 가끔씩 몸을 의지하며 올랐다. 구석진 곳에 홀로 있지 않겠다고 길섶으로 마중 나온 할미꽃을 보았다. 사람들이 많이 다니는 산길이라 뽑혀 나가지 않을까 걱정이 되었다. 한참 가다 사연 모를 새의 주검을 보았다. 그러고 보니 산이라는 곳은 사람의 주검도 함께 있는 곳인데 사람들은 공기가 좋다고 제 몸속에 든 숨을 다 빼주고 주검이 들어 있는 산 속에서 온 산을 들이킨다. 정상을 오른 뒤 환호작약하는 사람들 틈에 끼어 앞을 내다보았다. 노을 길을 걸었던 달성보가 환하게 시야에 들어왔다. 바람 보라, 분홍 웃음, 새침 노랑, 매양 하얀... 이름 모를 꽃들에게 내 맘대로 불러줘도 괜찮다 여기는 맘보에 노을도 젖어드는 강물과 하늘 위 구름이 손에 잡힐 듯 가까웠다. 산 밑에 내려왔을 때 봉우리 아래를 감싸 안은 들이 '사브랑 뜰'이라고 일러 주었다. 낙동강 모래가 밀려와 형성된 들판이라 모래 사(沙)자가 들어 있는 지명이겠지만 이름은 가히 세계적이다. 이 아름다운 곳에서 작은 연못의 소금쟁이처럼 살아왔다. 세상에 발을 깊이 담그지 않고 가벼이 뛰어다니며 조금밖에 날 수 없는 소금쟁이. 하지만 물결치는 못 위에서 더러는 중심을 잘 잡고 끄떡없이 사는 소금쟁이가 되고 싶기도 하다.

5.

한 시간쯤 가위질을 했다. 마음에 드는 모양은 몇 개 없고 번번이 바닥으로 떨어지는 색종이가 더 많다. 가위에 잘리는 종이에도 무수한 들숨 날숨 아니 정령이 붙어 있는 것 같다. 잘 오려진 모양새가 되고 싶어 가윗날에 꽉 물려 안간힘을 쓰고, 잘려진 그 밖의 것이 되고 싶지 않은지 바닥에 떨어진 색종이들은 나를 응시한다. 눈여겨 써달라고 그 안에도 쓰임새가 될 수 있는 것들이 무수히 많다고 암묵적으로 말하는 것을 한참 듣고 있다.

6.

겨우내 깡마른 나뭇가지에 빗방울이 들기 시작한다. 마른 버짐 피어나던 흙도 촉촉이 적시고 온종일 거락숲이 글썽이도록 비를 머금었다. 물기를 끊었던 푸조 나뭇가지도 산도처럼 거무스름하다. 딱딱한 껍질을 비집고 연한 새순이 올라올 기운이 느껴진다. 얼마 지나지 않아 나무는 품을 팔 것이다. 그리하여 어버지의 아버지 그 수백 년 전 보다 더 너른 그늘을 베풀 것이고 그 그늘 아래 우리는 풍요를 누릴 것이다. 가을이 오면 열매를 쪼아 먹으러 오는 새떼들로 물그림자가 성할 날 없이 흔들리리라. 성마른 바람에 쫓기듯 사람들은 떠날 것이고, 또한 무작정 기다릴 것이다. 빈 몸만 남은 가지는 보기 좋게 잘 말라 누군가 그 곁을 지날 때면 따뜻한 꽃다발이 되어 안길 것이다.

7.

조금만 삐끗해도 낭떠러지로 떨어질 것 같은 폭설에 갇힌 세상. 이런 날 급행은 세상에서 가장 느린 완행으로 값어치가 하락하는 날이다. 늦은 퇴근길 눈발을 헤치며 한참을 둘러가는 버스 안. 눈이 때꾼한 사내가 창밖을 오래도록 바라보고 있다. 파란만장한 등 자국이 수없이 찍힌 방이 남루한 사내에게는 내일을 기약할 수 있는 유일한 보금자리이기에 자력에 이끌리듯 돌아가고 있다.

8.

별별일 다 있는 날이다. 그런 날에는 말이 먼저 갇히고, 웃음을 위해 이바지했던 근육들은 뻣뻣해지며, 울음은 비상벨처럼 누르기만 하면 이내 쏟아져 내릴 듯하다. 별수 없으니 생각나는 것들은 뻔하다. '남과 같이 해서는 남 이상 될 수 없다'고 누군가 써놓은 말을 읽어본 일이 있는데 그런 말이 도대체 무슨 도움이 된다는 말인가. 길을 걷다 보니 별다방이 눈에 들어왔다. 별 볼 일 없는 하루지만 별다방에 들어가 차 한 잔을 마시고 나면 별자리에 앉은 사람처럼 사사로운 것쯤이야 다 털어낼 수 있는 사람이 될 것 같다.

9.

십대에 강경에서 여중을 다녔다. 강경여중, 강경여고, 강경중, 강경상고 학생들이 가득 찬 버스는 우리 동네를 지나갈 때쯤이 되면 발 디딜 틈이 없었다. 얼마나 콩나물시루 같았는지 몸이 허약한 여학생은 버스에서 기절한 일도 있었다. 한 반에 60여 명 되는 여학생이 한 학년에 10반 쯤 된 그 시절. 여름이면 하얀 상의에 짙은 군청색 플레어스커트를 입었던 그 친구들은 다 어디로 사라졌는지 지금은 고향 전북 익산에 갈 때면 강경 시장에 한 번씩 들르는데 그 친구들 중 누구도 눈에 띄지 않는다. 태권도 4단이라며 긴 머리를 자르지 않은 채 눈총을 받으며 입학했던 지숙, 노래를 잘 불러 비 오는 날 체육시간에 선생님이 기타를 치면 노래 부르던 경옥이는 여자는 늘 배를 넣고 앉아야 허리가 날씬해진다고 짝꿍인 내 허리까지 책임지려 했던 친구다. 이제 강경은 아는 사람 하나 없는 추억 속 작은 읍이고 세상 사람들은 새우젓 고장으로만 기억할 뿐이다.

여름 한 날 옥녀봉에 올랐다. 거기서 백일홍 꽃나무 위에 생을 마감한 하늘소를 보았다. 당당하고 견고한 여름이 치러주는 장사에 슬픔은 끼어들 틈이 없었다.

10.

사라진 고모역 근처 언덕길을 오르기 전에 보면 때로 안개가 자욱한 틈에 한 여자가 아이들을 데리고 서 있다. 한 아이는 안고, 한 아이는 엄마의 가랑이를 잡고 서 있으며, 한 아이는 엄마 손을 잡아 당겨 늘이고, 한 아이는 가방을 메고 엄마 주위를 빙빙 뛰어다닌다. 스쿨버스를 타기 위해 나와 있는 모양이다. 너무 바쁘게 살아서 아이를 많이 낳아야겠다는 생각을 해본 일이 없었는데 뚱뚱한 몸집에 수국처럼 웃고 있는 여자를 보면 후생에는 나도 아이를 많이 낳아 그 여자처럼 안은 아이, 업은 아이, 손잡아 당기는 아이, 엄마를 축으로 삼아 빙빙 도는 아이… 될 수 있으면 많이 낳고 싶다는 생각이 든다.

11.

아버지는 술을 좋아하셨다. 술을 마시면 늘 노래를 부르며 들어오셨다. 탱자나무 울타리 가시에 찔려 들어오는 '아아, 으악새 슬피 우는 가을인가요…' 라는 '짝사랑' 노래가 들려오면 후다닥 이불을 덮고 자식들은 다 자는 척 했다. 그때는 몰랐지만 육남매를 기르며 짝사랑처럼 힘드셨을 것이다. 그래서 짝사랑에 지쳤을 때쯤 일찍 돌아가신 것이리라. 아들을 돌봐 주시던 아주머니가 길거리에서 한뎃잠을 자는 사람을 보고 '저런 아버지라도 살아 계셨으면 좋겠다'라는 말을 했을 때 어이가 없었다. 그 아주머니는 부러울 게 없는 형편에 깔끔한 분이셔서 그때는 그런 말이 실감나지 않았는데 때로 돌아가신 아버지 생각이 난다.

어느 날 노래방에서 울음 섞인 목소리로 '아빠의 청춘'을 불러 보았다. 효도 한 번 제대로 못 받고 돌아가신 아버지의 청춘은 얼마나 서러우셨을까. 그래도 어머니는 칠순이 되었을 때 육남매를 잘 키워주셨다고 공로패를 받을 수 있었는데 말이다.

12.

내 첫 차는 중고차였다. 마초처럼 써먹다 낡은 숨을 쉬며 끄느름한 관계가 되어갈수록 아기였던 아들은 반대로 마초처럼 커가고 있다. 차를 버려야 할 때가 왔다. 문짝이 너덜해지도록 닳아 과속하면 앉아 있던 사람이 튀어나갈 지경이 되었으니 말이다. 어쩔 수 없는 때늦음과 쓸모없음의 관계가 때로 아쉽다.

13.

혼자였다. 세상에 아는 사람이라고 하나 없는 혼자. 버스가 한 시간에 한 번쯤 시내를 나갈 수 있는 바닷가 외진 마을에 살며 할 수 있는 일이 별로 없었다. 하늘과 바다와 떠나는 배를 보며 고향을 지독하게 그리워하는 일이 삶의 전부였던 때가 있었다. 그때 나를 위해 할 수 있는 유일한 일이 시내로 피아노를 치러 다니는 일이었다. 하지만 피아노를 치는 일은 위로가 되지 못했다. 피아노가 놓여 있는 방은 진공 부스 같았다. 1년 쯤 다니다 외로움에 질식해 버릴 것 같은 공간에서 뛰쳐나왔다. 그리고 다시 그림을 그리러 화실을 찾아 갔다. 그곳에서 눈빛이 아주 따스한 사람을 만났다. 그녀는 통영 벅수골에서 연극을 하고, 수필도 쓰며, 집에서 피아노 레슨을 하기도 했다. 그녀가 기타를 치면 바닷가 바위에 앉아 노래를 부르기도 하고, 가끔 이야기를 나누며, 지독한 외로움에서 조금씩 벗어날 수 있었다. 그녀는 결혼을 하지 않은 채 바다가 보이는 곳에 카페를 차렸다. 어쩌다 통영을 찾아가면 카페 마담이 잘 어울리는 그녀가 있어서 좋았다.

14.

마음에 빈 통로가 있다. 오래도록 만나지 못하는 친구를 위해 마지막 헤어지는 시점에 코르크 마개를 끼워놓고 기다린다. 때로는 2, 3년 지나 만나기도 하고, 잊고 있다 만나기도 한다. 하지만 참 자연스럽다. 강나루 길을 같이 걷는다. 살아온 이야기를 하기도 하고, 지나간 이야기를 하기도 하며, 아무 말 없이 걷기도 한다. 유려한 강물의 문체는 끊어진 대화를 고즈넉이 이어준다. 시점 없이 여전하네로 시작해 여전해라로 헤어질 수 있는 간극 없는 관계가 이제는 소중하다.

강물에 지는 노을을 오래도록 바라보며 차마 돌아서기 힘든 날이다.

■ 연보

· 전북 익산 출생.
· 전주교육대학교 국어교육학과 졸업.
· 대구교육대학교 교육대학원 국어교육학과 졸업.
· 2002 매일신문 신춘문예에 「어떤 肖像」으로 등단.
· 시조집 『파두』.
· 2015년 대구시조문학상.
· 한국시조시인협회, 영언동인.
· 오늘의시조시인회의 사무총장.

현대시조 100인선 028

흰 비탈

초판 1쇄 인쇄일·2016년 08월 17일
초판 1쇄 발행일·2016년 08월 27일

지은이 | 이숙경
기　획 | (사)한국문화예술진흥협회, 한국시조문학관
펴낸이 | 노정자
펴낸곳 | 도서출판 고요아침
편　집 | 박은정, 이유성, 김남규

출판 등록 2002년 8월 1일 제 1-3094호
03678 서울시 서대문구 증가로 29길 12-27 102호
전화 | 302-3194~5
팩스 | 302-3198
E-mail | goyoachim@hanmail.net
홈페이지 | www.goyoachim.com

ISBN 978-89-6039-845-0(04810)
ISBN 978-89-6039-816-0(세트)

*책 가격은 뒤표지에 표시되어 있습니다.
*지은이와 협의에 의해 인지는 생략합니다.
*잘못된 책은 교환해 드립니다.

ⓒ 이숙경, 2016